– Niederlausitz – Dolna Łužyca – Sagen – powěsći –

Unser Drache
Plon

Eine literarische Wanderung
in die Lausitzer Sagenwelt

EDELTRAUD RADOCHLA

radochla ● verlag

In dieser Reihe sind bereits erschienen:

Teufeleien – Teufelssagen aus der Niederlausitz, 2018
ISBN 978-3-938555-51-4

Pśezpołdnica – Die Mittagsfrau – Sagen aus der Niederlausitz, 2018
ISBN 978-3-938555-54-5

Lutki, Querxe und andere kleine Geister – Aus der Lausitzer Sagenwelt, 2020
ISBN 978-3-938555-63-7

Titelbild: Rolf Radochla: Plon-Verwandlungen

Druck: Books on Demand GmbH

ISBN 978-3-938555-67-5

Inhalt

Im Interesse flüssigerer Lesbarkeit haben wir in Zitaten aus älteren Texten die Rechtschreibung heutigen Standards angepasst. Das betrifft z. B. die Groß/Klein-Schreibung bei Grimm, sowie ß/ss, th/t oder das Endungs-e. Gelegentlich wurden Sagen-Passagen im Vergleich zur Quelle gekürzt wiedergegeben. Sorbische/Wendische Schreibungen in Zitaten wurden so beibehalten, wie der Autor sie verwendet hat. Neuere Schreibungen wurden gekennzeichnet. Autoreneinlassungen sind in [ ] gesetzt.

Vorbemerkungen

Es war, bevor hierzulande die Zeit bemessen wurde, als unsere Erde noch von Geistern bewohnt war, von den Wald- und den Feldgeistern, die Pflanzen und Tiere beschützten, und von den Hausgeistern, die über unser Hab und Gut wachten. Um sich mit ihnen gut zu stellen, brachte man ihnen Opfer dar, ließ sie also teilhaben an dem, was man hatte und bat um Vergebung für das, was man sich nahm. Je mehr man von ihnen erzählte, desto mehr prägten sie sich ein in das Gedächtnis der Menschen und um so mehr leben sie fort als Sagenfiguren in der Volksdichtung.

Erahnen lassen sich ihre Wurzelstränge bis zurück in die „heidnische" Götter- und Geisterwelt, nicht zuletzt dann, wenn sie als soziales Korrektiv erscheinen und allgemeine moralische Werte spiegeln. Der Böse, der Faule, der Habgierige erhielten ihre gerechte Strafe, dem Lauteren, dem Fleißigen, dem Freigiebigen verhalfen sie zu seinem Recht.

Doch gelegentlich versuchten die Menschen auch, die Geister zu überlisten, womit schalkhaft-schlau ihre Grenzen aufgezeigt wurden. Denn verzwickt wie die menschliche Seele selbst, ist auch die „Natur" der Geister eine zwiespältige, mal gut, mal böse, mal Schutz, mal Zerstörung, sodass die Verlockungen und Verirrungen des alltäglichen Lebens sich auch im Tun der Dämonen und Geister wiederfinden. Ein buntes Gewusel ach so menschlicher Spiegelbilder – aber nicht so fröhlich und heiter, wie bei den Griechen, sondern eher ernst und streng bei den Deutschen und Wenden, wie Heinrich Gottlob Gräve fand. (3, S. 20 f.).

Ihr Tun und Lassen sind uns in der Volksdichtung erhalten geblieben, die Jahrhunderte aus mündlicher Überlieferung schöpfte und erst im 19. Jahrhundert dank zahlreicher Volkskundler und Sammler als Schriftgut entstand.[1]

„Wo das Wissen keine Antwort gab, setzte der Glaube ein und erklärte auf seine Weise das geheimnisvolle Wirken der Naturkräfte in Wald, Wasser, Feld und Flur, Haus und Hof." (15, S. 8) Und so erzählte man sich an langen Winterabenden – oft in den Spinnstuben –, was sich einst zugetragen haben soll, denn das waren die Blockbuster der vorelektrischen Zeit.

Eng verbunden ist der Sagenschatz der Völker mit ihren Märchen, doch gibt es neben Schnittstellen auch einige Unterschiede. Während das Märchen den Zuhörer in unbestimmte Räume

1 Zum Beispiel Karl Gander, Heinrich Gottlob Gräve, Leopold Haupt, Jan Arnošt Smoler/Johann Schmaler, Karl Haupt, Wilibald von Schulenburg, Friedrich Sieber oder Edmund Veckenstedt

und Zeiten entführt und einen Spannungsbogen in die Erzählung webt, so ist die Sage eher ein kurzer Sachbericht, der durch möglichst genaue Angaben zu den Personen, dem Ort und der Zeit der Handlung Wirklichkeitsnähe zu vermitteln versucht. (21, S. 9)

Einer der vielbeschäftigsten und wandelbarsten Vertreter der Geisterwelt ist unser Hausdrache *Plon*. Genau genommen hat jeder einen *Plon* im Haus, nur mancher weiß es nicht so genau. Manch einer meint auch, einen besiegt zu haben, der heißt dann Georg oder Siegfried. Aber das glaubt keiner wirklich.

Auf alle Fälle war es immer eine mehr oder weniger feurige Angelegenheit, wenn man es mit dem *Plon* zu tun bekam. Dem einen begegnete er als Feuer speiender Schatzhüter in des Berges Höhle. Dem anderen flog er durch den Schornstein hinaus und hinein, war hier ein Dieb oder schaffte dort herbei. Über Baumwipfel und hoch am Himmel soll er geflogen sein.

Aber in seiner Gestalt war er ein echter Verwandlungskünstler. Je größer seine Taten gerühmt wurden und seine Schätze, desto größer und vielköpfiger wurde er. Dann wieder war er nur als Feuerkugel oder als glühendes Fass gesehen worden, mit einem mehrschwänzigen Schweif. Bei seinem Zug über die Wipfel wurde er schon mal zum Lindwurm und schlüpfte in die Gestalt einer Schlange. Als dreibeiniger Hase soll er sogar an der „Wilden Jagd" teilgenommen haben. Aber versteckte er sich im Haus, so musste man genau hinschauen, denn da wurde er häufig zu einem schwarzen oder bunten Kalb mit glühenden Augen.

Unzählige seiner Auftritte inszenierte er als nasses oder schwarzes Huhn, oder beides. Aber auch als Fuchs, Maus, Wiesel oder Fledermaus soll der *Plon* gesehen worden sein. Schließlich gelang es ihm auch, als Kobold im Haus sein Wesen zu treiben.

Und als Gott die Erde erschuf, hat der *Plon* sich dann obendrein noch mit dem Teufel verbündet.

Der Drache als Feuergeist und Schatzhüter ist in der europäischen Mythologie ein fester Bestandteil. Als Hausgeist aber, den sozusagen jeder haben kann, ist er besonders im einstigen Sorbenland Ostthüringens zwischen Saale und Weißer Elster, in Westsachsen und in der Lausitz in der Überlieferung stark erhalten geblieben. (17, S. 59) Je nach seiner Hauptaufgabe arbeitet er hier als Getreide-, Milch- oder Gelddrache, was man an seiner Farbe erkennen könne.

1. Warum heißt unser Drache Plon?

„Viele Frauen haben den Drachen, welcher ihnen Milch, Butter, Getreide und Geld zuträgt. Um ihn in ihre Dienste zu bekommen, müssen sie sich dem Teufel verschreiben", meinte Karl Haupt 1862 in seinem „Sagenbuch der Lausitz". „Bei den oberlausitzer Wenden heißt der Drache *ton smij*, bei den niederlausitzer [Wenden] *ten pljon*. Er zieht als eine feurige Lufterscheinung durch den Schornstein in das Haus. Es gibt verschiedene Arten. Der Getreidedrache, *zitny smij*, füllt den Kornboden seines Besitzers; der Milchdrache, *mlokowy smij*, sorgt für den Milchkeller der Frau Wirtin; der Gelddrache, *penezny smij*, lässt es seinem Herrn niemals an Geld fehlen" (5, S. 73)

Der obersorbische *smij* bei Haupt oder *zmij* in heutiger Schreibung deutet seine Verwandtschaft zum böhmischen/tschechischen *zmek* oder *zmok* an, den Jan Hus seinerzeit als Teufel bezeichnet. Aber dieses Urteil teilt unser Drache mit den meisten heidnischen Geistern und Dämonen, sodass es uns nicht weiter stören muss. In Böhmen ist er aber auch als *plivnik* oder *plevnik* bekannt. Als *smog* taucht er in der polnischen, weißrussischen und südslawischen Folklore auf, auch bei den baltischen Nachbarn ist er bekannt. Das litauische *smakas* bedeutet Schlange. (24, S. 120) Auch im Niedersorbischen heißt die Schlange, speziell die Kreuzotter *smija*. So die eine Vorstellung von unserem Drachen.

Und der *Plon*? In heutiger niedersorbischer/wendischer Schreibung bekämen wir es beispielsweise in der Niederlausitz mit dem *trajdowy* oder *žytny plon*, dem *mlokowy plon* oder dem *pjenjezny plon* zu tun. Ernst Mucke/Arnošt Muka verknüpfte den niedersorbischen Namen *plon* mit dem altslawischen *plênъ*, dem polnischen *plon* und dem tschechischen *plen*, was so viel heißt wie: die Beute, Ausbeute, besonders die Ausbeute oder der Ertrag aus den Feldfrüchten. In allgemeinerer Bedeutung: die Fülle, der Reichtum, dann im Niedersorbischen im übertragenen Sinne der Spender reichlicher Feldfrüchte beziehungsweise des Reichtums. Auch er knüpft hier wieder an den tschechischen *plívník* an. (11)

Plon und *Zmij* sind also nur zwei der unzähligen Namen, die europäische, besonders slawische und baltische Dialekte jener feurigen, der uralten heidnischen Geisterwelt angehörenden, Sagenfigur gegeben haben. Für Zdeněk Váňa zeichnen die Bilder dieser Sagenfigur einen allgemeinen europäischen Charakter nach: „Es handelt sich also immer um einen fliegenden Feuerdämon, der den Reichtum seines Besitzers vermehrt ..." (24, S. 120)

2. Der Traum vom Reichtum und seine Tücken

In Werben ging einst ein Mädchen, welches auf dem Schloss diente, kurz vor Mitternacht zu Bett. Das Mädchen konnte nicht schlafen; so kam es, dass es um zwölf Uhr noch wach war. Da hörte es plötzlich die Türen aufmachen und zuschlagen. Das Mädchen stand auf, um nachzusehen, was es gäbe. Allein es fand niemand, auch waren die Türen alle verschlossen. Da fing das Mädchen an, sich zu fürchten. Plötzlich hörte es ganz in seiner Nähe ein Rasseln wie mit Ketten. Es war ihm, als ob jemand einen Scheffel voll Geld wegwerfe. Das seltsame Geräusch hielt bis ein Uhr in der Nacht an, dann war alles still. Am folgenden Morgen erzählte das Mädchen der gnädigen Frau, was ihm in der Nacht begegnet sei. Diese aber verbot ihm, davon zu sprechen. Ein alter Bauer aber, dem das Mädchen doch von dem Ereignis erzählte, sagte, es hause im Schloss ein Drache, welcher der Herrschaft immer Geld bringe. Er sagte auch, der Besitzer des Schlosses könne nicht eher sterben, als bis er den Drachen los sei. (25, S. 386 f.)

Der Besitzer H. in Ögeln bei Beeskow stand früher wegen seines Reichtums in dem Verdacht, den Drachen zu haben. Wirt und Wirtin sorgten ängstlich dafür, dass das Gesinde und fremde Leute den Bodenraum des Hauses nicht betraten. (1, S. 35)

Vor etwa fünfzig Jahren sei der Besitzer S. der reichste Mann in Cummeltitz gewesen, hielt Karl Gander 1897 fest. Die Leute im Dorf, heute Kumiałtowice/Gubin, konnten es sich nicht erklären, wo er seinen Reichtum herhabe, und so hieß es dann, er hätte den Drachen. Eines Abends hatte man den Drachen wieder einmal übers Feld fliegen und in das Gehöft des betreffenden Bauern einziehen sehen. (1, S. 35)

Auch Klaus Gebler und Erhard Steffen hielten in ihrem Heft „Sagenhaftes Burg“[1] fest: „Von einem reichen Bauern sagt man noch heute, dass er den Drachen hat. Man muss ihn nur gut füttern und verwöhnen, sonst geht er weg und kann sich furchtbar rächen. Er hält sich in Scheunen oder Hausböden auf und ist manchmal als feuriger Schweif am Himmel zu sehen.“ (2)

Wilibald von Schulenburg, der auch die Verknüpfung oder Verwandlung vom Drachen zum Kobold erwähnte, hielt fest, dass er als Geld- oder Getreidedrache mit feurigem Schweif durch die Luft fliege. Man sagte: „Er trägt dem einen zu, dem anderen fort, und wer ihn hat, dem bringt er Reichtum.“ Und an anderer Stelle: „Der Plon verschafft

1 Burg: Wen in diesem Buch von Burg ohne weitere Ergänzungen geschrieben wird, handelt es sich immer um Burg im Spreewald.

Der fliegende Drache Plon, Illustration von Martin Nowak-Neumann in „Sagen der Lausitz“, S. 84

Geld, Weizen und Korn. Es heißt auch, er geht in die Läden der Kaufleute und nimmt den Gewinn weg, ebenso vom Getreide bei den Herrschaften.“ (18, S. 183 / 19, S. 61)

Bei Edmund Veckenstedt kam er einmal ganz sympathisch herüber: „Der Drache kehrt gern bei ärmeren Leuten ein. Wenn ihn diese gut mit Reis, Hirse und Grütze pflegen, so lässt er dafür Gold, Silber und Geschmeide, sowie eine große Menge von Edelsteinen zurück. So hat er auch einem armen Bauern in Pritzen seinen Reichtum gebracht. Bei diesem Bauern pflegte er auf der Treppe zu liegen.“ (25, S. 391)

Ganz das Gegenteil erfährt man bei Will-Erich Peuckert: „Für seine Freunde stahl er Getreide und Geld zusammen. In Brzesowie[2] hatte eine Witwe mal ein Gewölbe (Laden). Der ging's so schlecht, weil ihr der Drache immer weg geschleppt hat. Drum hat sie sich in der Stube vorm Muttergottesbild erschossen.“ (12, S. 265)

2 Brzesowie = 1921–1945 Birkhagen, heute Brzozowie, tschechisch Březová, Ortsteil von Kudowa-Zdrój, Woiwodschaft Niederschlesien

Irgendeine Erklärung für den unermesslichen Reichtum des Einen gegenüber dem Mangel und Gram des Anderen musste es aber in grauer Vorzeit geben, ohne „terra x“, „Lesches Kosmos“ – und „Das Kapital“ von Karl Marx.

„Der mit der Natur verbundene Mensch hat zwar [mit dem Christentum] auf seine Götter verzichtet und sie durch Heilige ersetzt,“ meinte Zdeněk Váňa, „dennoch hing er hartnäckig den Wesen an, die er in den Naturerscheinungen wahrnahm und mit denen er auf magische Weise Umgang pflegte. Eben darum hat sich aus dieser Schicht des alten Glaubens so viel bis in die Neuzeit hinein erhalten, wenn auch in modifizierter und örtlich unterschiedlicher Form, zumeist als eine Überlieferung, deren ursprünglicher Sinn und Gehalt vergessen wurde." (24, S. 103) Und so müssen der Drache *Plon* und seine Geschwister herhalten, wenn es jemandem gut geht oder schlecht.

Dass das eine ziemlich verzwickte Sache werden konnte mit dem Drachen und dem Reichtum, haben die Teilnehmerinnen und Teilnehmer des Projektes **Spurensuche** des Niedersorbischen Kinder- und Jugendensembles e. V. in Kooperation mit der Schule für Niedersorbische Sprache und Kultur Cottbus 2013 sehr schön zusammengefasst:

„Menschen, die den Dråk beherbergen, leben in ständigem Stress, haben keine Zeit für das Gemeinschaftsleben und vereinsamen. Ihr unerklärlich wachsender Reichtum erweckt zuweilen Missgunst unter den Nachbarn und macht sie verdächtig. Loswerden kann man ihn nur, wenn man das Haus abreißt und an anderer Stelle neu aufbaut. In vielen Erzählungen stirbt der Hausherr noch bevor das neue Haus steht. Die weniger kostspielige Variante ist, dem „plon" eine unlösbare Aufgabe zu stellen, zum Beispiel einen Stiefel ohne Sohle mit Gold zu füllen. Die schützende und helfende Funktion dieses Hausgeistes ist von Verhaltensvorschriften und Tabus bestimmt. Er korrigiert das menschliche Verhalten. Vorsätzliche Verletzungen des Tabus werden ebenso wie unbeabsichtigte Fehltritte unnachsichtig und unverhältnismäßig gerächt. Das Verhältnis des Menschen ist demnach ein zwiespältiges: Zwar klingt das Angebot von Reichtum und Wohlstand verlockend, allein die Maßlosigkeit und die Unberechenbarkeit des Dämons lehren den Menschen das Fürchten. So widerspiegeln gerade jene Geistersagen das menschliche Verlangen nach Sicherheit und häuslichem Glück, zum anderen aber auch die Angst vor dem Unerklärbaren und Numinosen[3]." (23, S. 35-36)

3 Auf das Göttliche bezogen, schauervoll

3. Hirsebrei, Hirsebrei, aber bloß nicht zu heiß!

Für Umsonst hat der Drache *Plon* nichts herbeigeschafft, weder Getreide, noch Geld, noch Milch. Da mussten die Wirtsleute schon darauf achten, dass es ihm an nichts fehle. Meist ließ er sich mit Hirsebrei oder Milchhirse füttern, auch Biersuppe, Brot, Milch und Fleisch standen mancherorts auf dem Speiseplan.

Seine Wohnung hatte das Feuerwesen – wie es sich gehört – in einer warmen, gut beheizten Ecke im Haus. Das war sehr oft die so genannte „Hölle" hinter dem Ofen. Da hatte er es auch nicht weit zu seinem Ein- und Ausgang, denn er flog standesgemäß durch den Kamin, wenn er kam oder ging. Aber sehr oft wohnte er auch auf dem Hausboden oder der Tenne, wohin seine Wirtsleute ihm dann das Futter bringen mussten. Und das immer heimlich, denn gesehen werden wollte er nicht.

Wohnte er im Haus, entfaltete er auch seine zweite Natur, die eines Hausgeistes, eines Koboldes. „Der Kobold (wendisch Kobolt, Koltk, Kubotčik)[1] ist ein Hausgeist, der in abgelegenen Winkeln, Holzschuppen, Bodenkammern, Kellern u.s.w. wohnt, und von den Hausbewohnern gut gepflegt und gespeist sein will, denn er ist gar sehr launisch, und wenn er nicht gut behandelt wird, und ebenso gut zu essen bekommt als die Hausbewohner, so poltert er des Nachts gar erschrecklich im Haus umher und wirft sogar die Leute aus dem Bett heraus. Gute Behandlung weiß er aber auch zu vergelten, macht des Nachts dem Gesinde die Arbeiten oder spinnt an dem Rocken der Hausfrau weiter, bringt Getreide ins Haus, das er anderen stiehlt, und auch manchmal – in Gestalt einer Dohle – bares Geld. Sonst nimmt er auch gern die Gestalt eines Kalbes an." (5, S. 56 f.) So beschreiben ihn Gräve, Haupt und Schmaler fast übereinstimmend.

Dieses Fabelwesen hat die Angewohnheit, sich ständig zu verwandeln.

Der Hauskobold, Zeichnung Ingrid Groschke

1 Heutige Schreibweise: kobołt, kobołśik (Deutsch-Niedersorbisches Wörterbuch, online)

Auch Schulenburg musste feststellen: „Der Dråk kann sich verwandeln und erscheint in verschiedener Gestalt, meist als Kalb und als nasses, oft schwarzes Hühnchen. Auch als kleines rotes Männchen ... Er kriegt Milchhirse oder süße Milch, aber man darf ihm nicht den Rachen damit verbrühen ..." (18, S. 185)

Dem oben erwähnten Besitzer H. in Ögeln hat der Drache schließlich übel mitgespielt. „Der Drache wurde von den Wirtsleuten mit Milchhirse gefüttert. Einmal hatten sie ihm damit aber den Rachen verbrüht. Er wurde infolge dessen so grimmig, dass er ihnen das Haus anzündete." (1, S. 35) Da war es mit dem Wohlstand zu Ende.

Auch Jacob Grimm hielt derart Schauriges fest: „... er verlangt höfliche Behandlung und gutes Futter (wie ein Hausgeist); versehen es Wirt oder Wirtin, so steckt er ihnen das Haus über dem Kopf an. (4, S. 639)

Eine ganz tragische Begebenheit hat Erich Schneider in dem Sammelband „Sagen der Lausitz" festgehalten: „In Neschwitz lebte einst ein reicher Bauer. Er besaß von allem genug: Der Drache – in Gestalt eines großen schwarzen Katers – hatte alles herzutragen. Damals kochte man sonntags oft Milchhirse, um Fleisch zu sparen. Die aber fraß der Drachen-Kater für sein Leben gern. Daher kochte ihm die Bäuerin oft dieses Gericht. Eines Sonntags wollten die Bauersleute zusammen in die Kirche

Der Drachen-Kater, Zeichnung Rolf Radochla

gehen. Die Bäuerin befahl der Magd, die erst vor kurzem in den Dienst getreten war, Milchhirse zu kochen, zugleich aber verbot sie ihr, selber dem Kater etwas zu fressen zu geben. Die Magd tat, wie ihr geheißen war, und kochte Milchhirse. Als sie den Brei aus dem Ofen zog, um ihn umzurühren, kam der Kater zu ihr gelaufen und rieb seinen Kopf an ihren Beinen. Die Magd, eine gutmütige Seele, die an nichts Böses dachte, nahm mit dem Rührlöffel etwas Hirse, die aber sehr heiß war, aus dem Topf und tat sie dem Kater in den Fressnapf. Der Kater schlapperte an der Hirse, kreischte vor Schmerz laut auf und rannte zur Tür hinaus. Im selben Augenblick überkam die Bäuerin in der Kirche eine sonderbare Angst, es könnte sich zu Hause etwas Schlimmes ereignet haben. Eilends lief sie heim, aber zu spät, denn als sie ankam, brannte schon der ganze Hof. Der Kater hatte aus Wut über die heiße Hirse Feuer in die Gebäude gespien und sie angezündet." (16, S. 88)

4. Was hat es mit dem Füttern unseres Dämons auf sich?

Hier müssen wir wieder in die „Vergangenheit" unseres Drachens/Hauskobolds hinabsteigen. Wie einleitend schon erwähnt, gehört der Drache als Feuergeist/-dämon zur alten vorchristlichen europäischen Mythologie.

Es handelte sich bei vielen slawischen Völkern nach Váňa möglicherweise um den „Nachklang der Feuerverehrung" in dem Sonnengott *Svarog* und seinem Sohn *Svarožic-Dažbog*, dem Herrscher über das Erdenfeuer. „Als Sohn von *Svarog*, Gott des himmlischen Feuers und Lichtes wirkte *Svarožic* als Vermittler und Spender (*Dažbog*[1]) der Grundbedingungen des Lebens auf Erden ... Auf der Erde repräsentierte ihn das Feuer, das bis in die neuzeitliche Folklore als heilig gilt." (24, S. 71)

Von hier aus gelangte man zu der kultischen Verehrung des Herdfeuers, die sich besonders in Ritualen beim Einzug in eine neues Haus oder bei einer Hochzeit stellenweise bis heute erhalten haben. „Es hatte reinigende und heilende Macht und schützte vor Dämonen, weshalb ihm Opfer gebracht wurden: Teig, Fett, Korn und andere Nahrung ..." (24, S. 118)

Das Feuer hatte „ursprünglich göttliche Gestalt (*Svarog-Svarožic*), die nach der Christianisierung verbannt und durch dämonische Wesenheiten ersetzt wurde. Diese repräsentierten dann überwiegend die schädlichen und bösen Kräfte des Feuers und offenbarten sich in Gestalt kleiner Feuerdrachen oder Schlangen, die sich wie lodernde Flammen bewegen." (24, S. 119)

Es handelte sich offenbar um die überlieferten Reste alter Opferrituale, die den göttlichen Repräsentanten des Feuers galten. Auch Wilhelm Mannhardt kam bei seiner Untersuchung der alten nordeuropäischen Vegetationsgeister dahin, dass die verschiedensten Überlieferungen über das „Fütterns" dieser Geister, so zum Beispiel auch der diversen Korndämonen, letztlich die Reste alter Opferrituale darstellen. (7, S. 152-175)

Im Litauischen hießen die Feuerdämonen *Aitwars* und es wurde ihnen Übles nachgesagt, wenn sie nicht ordentlich aufgetragen bekamen. Die Nadrawer (ehemaliger Ort in Ostpreußen) gaben ihnen vom Gekochten und Gebratenen immer den ersten Bissen. Gefiel es ihnen nicht, so überschütteten sie ihre Wirtsleute mit Läusen oder zündeten ihr Haus an. In einem anderen Bericht erfahren wir von der Verehrung des Erdgottes *Puschait* im Kurländischen, Livländischen, Alt-Preußischen und weiteren baltischen Gegenden,

1 daž = urslawisch für geben; ns: daś, os: dać; tsch: dát; pol.: dać; kroat./serb.: dati; russ.: дать

der mit seinen Gehilfen, den *Parstuken* (ähnlich unseren *Lutki*) im Holunder gewohnt haben soll. Zweimal im Jahr gab man ihnen zu Ehren ein Festmahl. Hier der Berichterstatter Matys Stryjkowski im 16. Jahrhundert:

„Gewöhnlich stellen sie einen Tisch in die Scheune hin, decken ihn, legen 4 Brote, gekochtes und gebratenes Fleisch, Käse und Butter auf den Tisch und laden sie zur Mahlzeit in der Nacht nach den gebräuchlichen Zeremonien und Zaubereien ein, sodann schließen sie die Tür der Scheune fest zu und begeben sich selber hinweg. Aber jene *Parstuken* kommen um Mitternacht und verzehren die Speisen. Am andern Tag sehen die Wirte nach, ob von irgendeiner Speise mehr gegessen ist. Wenn des Brotes mehr verzehrt ist, glauben sie, dass jene Götterchen ihnen das Getreide vermehren werden. Wenn des Fleisches, dann meinen sie Glück zu haben mit dem Vieh usw., und von jeder Speise, die ihnen mehr geschmeckt hat, legen sie dann um so mehr als am ersten Fest am zweiten auf, indem sie dieselben bitten, dass sie das Getreide vermehren möchten. Sie sagen, dass die *Parstuken* bei anderen, welche sie als undankbare Wirte kennen, das Getreide in der Nacht aus den Scheunen stehlen und es denen zutragen, die sie mehr achten." (8, S. 332)

Gemessen an solchen Festgelagen seiner slawisch-baltischen Verwandtschaft war unser Niederlausitzer *Plon* doch mit seiner Milchhirse ein recht bescheidener Dämon. Aber es bleibt festzuhalten, dass die mythologische Natur unseres Feuerdrachens, dort, wo er erschien, eben auch seine standesgemäßen Opfer verlangte.

Das Opfer spielt in der slawischen Mythologie eine sehr wichtige Rolle. Für die von dem arabischen Diplomaten Ibn Fasudi um 950 aufgestellte Behauptung aber, die Slawen brächten Menschenopfer, gebe es allerdings keine Belege. Tier- und Feldfruchtopfer hingegen seien sowohl schriftlich als auch durch archäologische Funde belegt und fänden bis heute zum Beispiel in diversen Erntebräuchen ihre Widerspiegelung. (10)

Drachenfutter, Illustration von Martin Nowak-Neumann in „Sagen der Lausitz“, S. 86

5. Immer diese Heimlichtuerei

Es klang schon mehrfach an, dass über den, der den *Plon* besaß, immer nur hinter vorgehaltener Hand geflüstert wurde. Keiner hat wirklich gesehen, wie der Drache das Getreide durch die Luft transportiert, auf die Tenne gespuckt oder wie er die Dukaten fallen gelassen hat. Dann wäre ja auch die ganze Spannung dahin. Und so kannte immer einer einen, dem das einer erzählt hat, der es von einem anderen gehört haben will.

Plon-Besitzer sollen ihren Schatzbringer immer gut versteckt und verheimlicht haben, doch manch neugierige Zeitgenossen wollen ihnen dennoch auf die Schliche gekommen sein.

So erzählte man sich in Guben: „Auf einer Mühle wurde von der Hausfrau, wenn es zu Festzeiten kam, stets sehr viel gebacken, obgleich die Knechte nicht sahen, dass sie Teig eingemacht hätte, und doch hatte sie alle Morgen eine mächtige Mulde Teig. Da kroch ein Knecht eines Abends hinter den Ofen, und da sich an diesem eine geborstene Kachel befand, so konnte er, ohne dass er selbst zu bemerken war, durch den Spalt sehen. So beobachtete er denn, dass in der Nacht der Drache erschien und den Teig ausspie, wobei die Wirtin freundlich sagte: ‚Immer spei, mein Hänschen, spei!' Der Drache aber rief fortwährend: ‚Kachelchen kuck, Kachelchen kuck!' Der Drache wurde von der Frau mit fetter Milchhirse gefüttert." (1, S. 37)

Eine Bäuerin aus Oßling bei Hoyerswerda ging immer erst spät vom Feld zurück, um Mittag zuzubereiten. Doch wenn das Gesinde zu Tisch kam, war alles immer fix und fertig. Das wunderte die Leute und so schlich eines Tages ein Knecht hinter ihr her. Die Frau verschloss sofort alle Türen und der Knecht musste durchs Schlüsselloch schauen. In der Küche sah er auf der Ofenbank einen Drachen sitzen. Er hörte wie die Bäuerin ihm zuflüsterte: „Gieß ein, Hänschen, gieß ein!" Der Drache aber rief ängstlich: „Es guckt einer, Marka, es guckt einer!" (16, S. 85 / 15, S. 99 f.)

Leider ließen die Erzähler uns in beiden Fällen im Dunkeln, welche Konsequenzen die heimlichen Beobachtungen hatten. Wurde der Knecht bestraft? Hat der *Plon* seine Hilfe eingestellt? Da wir es nicht erfahren, mag jeder die Erzählung nach eigener Fantasie fortsetzen.

Bei einem anderen Bauern wohnte der Drache auf dem Hausboden. Jede Nacht kam er zu dem Bauern ins Zimmer und legte sich unter dessen Bett. Damit er hineingelangen konnte, war in der Stubenecke ein Loch, das mit Papier verschlossen war, sodass man den

Jemand hat den Plon entdeckt, Illustration Peter Müller

Drachen nicht sehen konnte. Er selber aber flog durch das Papier. Die Stube war immer verschlossen. Auf dem Tisch standen Untertassen. In jeder lag Geld, immer eine andere Sorte. (16, S. 87) Das war schon ein recht moderner Drache, denn in diesem Haushalt gab es schon Papier und Untertassen.

Manchmal ist dem Gesinde aber dann doch der Appetit vergangen, wenn sie des Drachens Hilfe beobachtet hatten. Auch in jenem Fall ging die Bäuerin erst spät zurück zum Mittag kochen. Der Knecht, schlich ihr hinterher und beobachtet, wie sie auf den Boden ging. Dort lag der Drache in einer großen Tonne. Die Bäuerin sagte zu ihm: „Küllexe man, Hänseken, küllexe, [brich aus, speie] „backe Birnen und Klöße!“ Und der Drache tat es. Dann trug sie das Essen auf den Tisch. Der Knecht erzählte der Magd von seiner Beobachtung. Darauf saßen beide am Tisch und aßen nichts. Als die Bäuerin fragte, was mit ihnen sei, antwortete die Magd: „Was euch das alte bunte Kalb kullixt, das werden wir nicht essen!“ (20, S. 77). In einer Erzählung nahmen Knecht und Magd Reißaus und gingen in die Stadt. In einer anderen Variante rächte sich der Drache, indem er die Neugierigen mit Unrat überschüttete.

Es ist also doch besser, ab und zu einen Blick in die Küche zu werfen.

6. Kein Drache ohne Feuer

Nehmen wir die Verwandtschaftsverhältnisse unseres Drachen *Plon* in der slawischen Mythologie, so können wir verschiedene Gruppen von Brüdern, Schwestern, Cousinen und Cousins unterscheiden, zu denen er engere oder weitere Beziehungen unterhält.

Da sind zum einen die **Elementargeister**, die Erde, Feuer, Wasser und Luft verkörpern. Hier hat er unter den Feuerdämonen seine tiefsten Wurzeln. Diese Elementargeister widerspiegeln Ur-Erlebnisse der Menschheit und haben deshalb auch tiefste Spuren im Denken und Fühlen hinterlassen. Daher die vielen Sagen um Berggeister, Opfersteine, den *Nykus*, den *Wódny muž* oder den Wirbelwind *Wichor*. Daher die unerschöpfliche Vielfalt um die Drachengestalt, in der *Plon* und *Zmij* nur einige Facetten abbilden.

Es folgen die **Vegetationsdämonen**, die Wald, Feld und Landwirtschaft beschützen sollen. Wir werden später sehen, wie eng der Drache *Plon* mit ihnen verbunden ist.

Die meist weiblichen **Schicksalsdämonen**, die *Rožanicy, Rodzanice* oder *Sudičky*, die immer in einer Mehrzahl auftreten und ein bisschen an die Dornröschen-Feen erinnern, sind wohl eher entferntere Tanten unseres Feuergeistes.

Aber wieder enger wird die Verwandtschaft zu den Hausgeistern oder **Hausdämonen**. Hier verbindet sich die Verehrung des Herdfeuers mit Erscheinungen des so genannten Ahnenkultes. Denn schon die bereits erwähnte Verwandlung des Drachens in einen Hauskobold zeigt ein Verschmelzen oder Überlagern beider Vorstellungen. (24, S. 103-130)

Bei Zdeněk Váňa heißt es dazu: „Die Erfahrung, dass jedes Haus seinen Schutzgeist hat, der seinen Bewohnern hilft, wenn sie ihm Opfer bringen und mit ihm freundliche Beziehung pflegen, war auf dem ganzen europäischen Kontinent verbreitet und hat sich, trotz aller kirchlichen Verbote, bis zur neuzeitlichen Volkskultur tradiert. Sie gehört zu den anschaulichen Beispielen für die beständige und fortdauernde Kontinuität des vorchristlichen Glaubens fast bis zum heutigen Tag.

Die Forscher sind sich nicht einig, ob der Glaube an die Hausgötter aus dem Ahnenkult (Manismus) oder aus dem belebenden Einfühlen in die Umwelt (Animismus) entstanden ist. Doch hat es den Anschein, dass beide Formen hier zusammenfließen, wie es auch bei vielen Naturgeistern der Fall ist: Manchmal handelte es sich wirklich um die Seelen der Vorfahren – *dědky* (die Großväter) –, ein andermal um außermenschliche Wesen, Heinzelmännchen, Hauskobolde usw." (24, S. 127)

Bleiben wir beim Feuer

Bei Jacob Grimm saß der feuerspeiende Drache als Lindwurm auf seinem Goldschatz und als Geld und Korn zutragendes Wesen erschien er als Hausgeist. (4, S. 74, 479) „Rote Streifen am Himmel zeigen an, dass der Drache auszieht, dunkle Farbe der Wolken, dass er mit Beute heimkehrt. (4, S. 1233)

In Pfarrer Bronischs[1] „Who is Who" der Sagenwelt fand Dieter Sperling über den Drachen Plon: „Das Volk denkt sich denselben als einen feurigen Luftdrachen, der als eine funkensprühende Feuerschlange am Himmel dahinfährt und zwar mit einer Schnelligkeit, dass ihm die Augen nicht folgen können ..." (22, S. 3) Das möchte fast an Sternschnuppen erinnern.

In Cummeltitz – wir kennen den Ort bereits – wollten die Leute den Drachen des Öfteren am Himmel über das Feld fliegen gesehen haben, bevor er in das Gehöfts seines Bauern einzog. (1, S. 35)

In der Lausitzer Monatszeitschrift las man 1797 wiederum: Der „Feuermann ist ein Waldkobold, der bei Nachtzeit um die Wipfel der Bäume schwebt und einen feurigen Körper besitzt, dessen Erscheinung den Vorübergehenden Furcht und Schrecken einjagt. Zuweilen kommt er auch auf die Erde und in die Häuser, dann wohnt er wie der Drache der Wenden hinter dem Feuerherd oder Schornstein. Auf dem Schafberg bei Baruth lässt er sich in der Andreasnacht sehen, wo er um die Gipfel der Kiefern schwebt und als ein feuriger Waldteufel gefürchtet wird." (5, S. 60 f.)

Der Getreidedrache trägt frische Ähren zu, Illustration Rolf Radochla

Schließlich bekam auch die Lausitz ihren Drachentöter. So berichtete Karl Haupt: „Es geht eine alte Sage, dass vor langen, langen Zeiten in den Sümpfen und Seen der Niederlausitz schreckliche Lindwürmer und Drachen gehaust haben; sind gewesen wie Schlangen, aber viel größer, haben Rauch und Flammen geatmet, und das Land rings umher verwüstet und Menschen und Vieh in großen Massen verschlungen.

1 Gotthelf Matthias Bronisch / Matej Bogumił Broniš (1868 - 1937), niedersorbischer evangelischer Pfarrer und Sprachforscher.

Nahe am Dorfe Zilmsdorf (einem der ältesten Orte der Lausitz[2]) ist eine Stelle draußen auf freiem Feld, da sprühen oft mannshohe Flammen aus der Erde empor. Das Volk nennt sie Drachenfeuer und erzählt, dass dort der große Drache gehaust habe, den der heilige Jürge getötet hat. An der alten Saltzstraße, die nach Sorau führt, ist ein Steinhaufen, da hat der Kampf stattgefunden, und da soll das steinerne Denkmal des Heiligen gestanden haben, hoch zu Rosse mit der Lanze in der Hand und dem Drachen zu seinen Füßen ..." (5, S. 74)

Leopold Haupt und Jan Arnošt Smoler hielten in ihrer Sammlung „Volkslieder der Sorben in der Ober- und Niederlausitz" 1841/43 fest, dass der Niederlausitzer *Plon* ein funkensprühender Feuerdrache sei, der am Himmel fliege und Reichtum verschaffe. Auch sie erwähnten die Arbeitsteilung als Geld-, Getreide- oder Milch-Beschaffer. Als Gelddrache bewache er auch die Schätze in der Erde. (6, S. 266)

„Nicht so sehr fest ans Haus gebannt ist jedoch der feurige Drache, welcher bei Ottag[3] aus einem Sumpf an der Grenzeiche stieg. Als lichter Strohle [Mundart], fast wie ein Besen, erschien er dem Beobachter. Rot führt er Gold und blau Getreide mit sich; der graue Drache trägt Ungeziefer und lässt es über dem, der ihm zuruft, fallen." (12, S. 265)

Nachdem die Witwe in Brzesowie sich aus Gram über den Drachendieb erschossen hatte, wollen die Leute den Drachen noch einmal gesehen haben, auf einem Baum, fünf Schritte vor jenem Haus. Er habe einer feurigen Schütte Stroh geglichen. Zuletzt sei er auf in die Wolken gefahren und nicht mehr wiedergekommen. (12, S. 265)

Aus Burg berichtete Wilibald von Schulenburg: „Auf der Wilischtscha fliegt ein Plon, hell, glänzend mit langem Schweif, und unter ihm läuft ein weißes, glänzendes Kalb ... Im Pusch flog einer, der war viele hundert Schritte lang und sah aus wie ein großer Fisch ... Hinter dem Schlossberg stieg gleich nach Sonnenuntergang ein Plon auf, schwang sich mit einem glänzenden Schweif aus einer Weide in die Luft" (19, S. 60 ff.)

Mal abgesehen von der ganzen Mythologie: Feuer? – Kamin? – Drachen? Welche handfesten Erfahrungen haben die Menschen hier möglicherweise zu verarbeiten versucht? Hier eine Episode, die Heinrich Gottlob Gräve 1839 in „Volkssagen und volkstümliche Denkmale der Lausitz" festgehalten hat:

Der Feuerpuhtz von Lauban: „Unter diesem Namen ist in der Stadt Lauban eine feurige Erscheinung bekannt, welche nachts bald als Kugel, Pyramide, Kegel, auch in Schlangenform und dergl. sich zeigt, durch die Luft einige Stra-

2 Zilmsdorf = Cielmów, gehört heute zu Tuplice

3 Ottag = Oława: Dorf an der Oder, südöstlich von Breslau

Der Schlangen-Fisch-Drache nach Wilibald von Schulenburg, Illustration Rolf Radochla

ßen durchläuft und dann wieder plötzlich verschwindet, welches dann allemal ein Brandunglück, das der Stadt droht, bedeutet, indem sie über dem Haus, wo das Feuer zuerst ausbricht, entsteht, und da, wo es endet, verschwindet. So zeigte sich diese Erscheinung daselbst z. B. vor den großen Bränden 1659 und 1760, wo sie genau die Straßen, in welchen nachher das Feuer wütete, durchirrte." (3, S. 30)

Und eine Erklärung dazu von Rudolf Schramm in den Sagen aus dem Geraer Land: „Die Feuererscheinungen am Schornstein lassen sich recht natürlich erklären. Das Fegen der früher aus Holz errichteten Rauchfänge wurde trotz behördlicher Strafbestimmungen nur mangelhaft oder gar nicht ausgeführt. Die Folge war, dass der im Laufe der Zeit sich angesetzte Ruß manchmal in Brand geriet. Die Schlote brannten aus und riefen den gespenstischen nächtlichen Feuerschweif hervor, den man als Drache deutete. So wurde in einem Dorf zwischen Zeulenroda und Triptis von Bauern oft beobachtet, wie der Drache als feuriges Wesen nachts aus dem Rauchfang eines Hauses fuhr. Sein Besitzer musste also den Drachen haben. Eines Tages wurde der alte, krumm gebaute, mit einem Knick versehene hölzerne Schlot durch einen neuen ersetzt. Von nun an blieb die nächtliche Erscheinung aus. An dem Schlotknick hatte sich Jahre hindurch der Ruß in solcher Menge angesetzt, dass er von Zeit zu Zeit in Brand geriet und den funkensprühenden Feuerschweif entstehen ließ. Damit fand die feurige Erscheinung des Hausdrachens ihre natürliche Erklärung." (17, S. 59 f.)

7. Was hat der Plon mit dem Kokot zu tun?

Die Verwandlungskunst unseres Drachens *Plon* wurde schon erwähnt. Da war er einmal ein „Lindwurm", heißt eine große Schlange. Dann erschreckte er neugierige Mägde und Knechte auf dem Hausboden als ein großes schwarzes Kalb mit glühenden Augen. (1, S. 33) Aber in den meisten Fällen – und so auch die Vielzahl bildlicher Darstellungen – tauchte er in Gestalt eines Huhnes oder Hahnes auf, zumindest am Kopf.

Suchte er einen neuen Wirt, so hockte er sich als kleines, nasses, schwarzes oder weißes Hühnchen an den Wegrand und wartete auf mitleidige Mitnahme. Die alten Schichans in Werben zum Beispiel gingen oft

Das Drachen-Kalb, Illustration Peter Müller

nach Cottbus zum Markt. Bei einem großen Regen fanden sie am Weg ein kleines nasses Hühnchen, das jämmerlich piepste. Der Frau tat es leid und sie nahm es mit. Als anderntags gedroschen werden sollte, kam das Hühnchen in die Tenne. Der Mann wollte, dass die Frau es wegbringe. Das sei nichts Gutes, meinte er und jagte es fort. Da ging es zu den Nachbarn, die nahmen es auf. Von da an wurden sie reiche Leute, obwohl sie vorher ganz arm waren. (19, S. 60 f.)

Ein Bauer aus Jüttendorf [Senftenberg] fuhr einst in den Wald nach Streu. Als er seinen Wagen voll geladen hatte, hörte er plötzlich ein Huhn ängstlich piepen. Mitleidig nahm er dasselbe zu sich auf den Wagen und fuhr damit heim. Um es zu erwärmen, weil es so kalt war, und das Huhn so kläglich tat, setzte er es unter den Ofen. Am anderen Morgen fand er dort Hafer, Gerste, Weizen und Korn. Nun wusste er, was er sich da mitgebracht hatte, doch so oft er es an die Stelle am Weg zurückbrachte – wenn er heimkam, war es wieder da. (25, S. 393)

So erging es auch einem Bauern in Bomsdorf bei Neuzelle (1, S. 33), einem anderen in Groß Döbbern (25, S. 387) und in manch anderem lausitzer Dörfchen. In Steinsdorf bei Neuzelle fand sich an einem Regentag ein nasses Hühnchen auf dem Hof. Der Bauer nahm es und trug es in die Stube unter den Tisch. Am anderen Morgen lag dort ein Häufchen Korn. Da sagte der Bauer zum Hühnchen: „Ha, ha, bis du derjenige?“ und trug es wieder hinaus. (1, S. 85)

Auch über die Geburt des Drachens Plon erfuhr man einiges näher. Heinrich Gottlob Gräfe klärte uns auf: „Wenn ein Hahn zwanzig Jahre alt ist, legt er ein Ei in Dünger, welches dessen Wärme ausbrütet und ein Geschöpf in Huhngestalt, mit Drachenflügeln, Eidechsenschwanz, Adlerschnabel, Tigerklauen, roter Krone auf dem Kopf und mit schwarzen Borsten bedecktem Körper, an 's Tageslicht bringt. Seine aus grünen Augen strahlenden Blicke vergiften.“ (3, S. 61)

In Niederschlesien erzählte man: „Der Drache wird aus dem Ei ausgebrütet, das, halb so groß als die anderen, am Ende der Legezeit von den Hühnern gelegt wird. Und in die Schale des Eies muss er das ganze gestohlene Getreide erst sammeln, ehe er es fortschleppt.“ (12, S. 265 f.)

Das soll für den Drachen *Plon* mitunter eine ziemlich schwere Arbeit gewesen sein und mancher will ihn dabei sogar fluchen und stöhnen gehört haben. „Als mal jemand auf den Boden des Schlosses Langenau unweit Lähn kam, hörte er etwas stöhnen und fragte erstaunt: ‚Was kreßt'n do asu?‘ – ‚Na do sôl ma a nie kressa, wenn ma an Malder Kurn ei an Nußschoale dricka mûß!‘, war die Antwort.“ (ebenda)

Dass aus dem Ei eines Hahnes ein ganz besonderes Wesen herauskommen

Das Drachen-Ei, Illustration Rolf Radochla

muss, liegt naturgemäß auf der Hand. Ist unser Drache also nur ein besonderes Federvieh?

Hähne und Hühner spielten bei den Slawen eine große mythologische Rolle, einmal als Opfertiere und zum anderen als Symbole für Vegetationsgeister und Hausgötzen. Vegetationsgeistern, denen man besonders die Förderung des Kornwuchses zusprach, gab man die Gestalt von Tieren und sie verwandelten sich zudem in Hausgeister. (7, S. 152 / 13, S. 186)

Während im Norden häufig eine Bocksgestalt in Erscheinung tritt, der so genannte *Kornbock* (Harz) oder *Gaardebuck* (Dänemark), *Roggenbock* (Gardelegen), tritt der Korndämon im slawischen Kulturraum vorzugsweise als Hahn auf, als *Kokot*. (7, S. 152)

Der mit der Getreideernte verbundenen kultischen Verehrung der „letzten Garbe“, in welcher der Hahn, der *Kokot*, sitzt, begegnet man noch heute alljährlich im Spreewald und seiner Niederlausitzer Umgebung mit den als Hahnschlagen (*kokota zapiaś*) oder Hahnrupfen (*kokota łapiś*) bezeichneten Erntefesten.

Der Korndämon wird als Seele der Pflanze gedacht. Jede Region und jeder Kulturkreis hat eigene Vorstellungen und Rituale um diesen lebenswichtigen Wachstumsgeist. In Bayern zum Beispiel kann einem statt unseres *Kokot* die *Hafergeis* begegnen, im Schwarzwald dagegen der *Heubock*. Doch immer drehen sich diese Bräuche und Rituale in ihrem Ursprung um Wachstum, Ernte und Wohlstand.

Wenn Wikipedia meint, nur im ostasiatischen Raum würde der Drache positiv als Fruchtbarkeitssymbol interpretiert, so scheint mir das eine sehr westeuropäisch eingeengte Sichtweise zu sein, in welcher der slawische Kulturkreis völlig ausgeblendet wird.

„Wir sahen", so Wilhelm Mannhardt, „dass die Waldgeister in Feldgeister übergingen. Denselben Vorgang können wir bei den Korndämonen beobachten. Der Geist des Wachstums, der Vegetation, der in Feld und Wald tätig ist, wird eben auch in Haus, Viehstall und Kornscheuer segnende Wirksamkeit entfaltend gedacht ... Man muss also ehedem geglaubt haben, dass der in Haus und Hof waltenden *spiritus familaris* zeitweilig in Bocksgestalt sichtbar werde, wie anderswo der kornbringende Kobold als Katze, Hund, Hahn, Huhn oder Schlange sich sehen lässt." (7, S. 171)

„Ganz ähnlich geht der Getreidehahn in den unter Huhngestalt weizenspeienden Drachen, oder, was dasselbe ist, in den als Hahn, resp. Huhn erscheinenden korn- oder geldtragenden Kobold über. Wenn dieser Dämon und die ihm entsprechenden Geister ihren Besitzer oder Verehrer reich machen, ihrem Verächter aber die Scheuer ausleeren, um die Frucht ersterem zuzutragen, so stimmt das genau zu dem Zug, dass der Korndämon dem Bauern, der ihm nicht etwas von der Ernte als Speise auf dem Felde stehen lässt, die Scheune leer frisst." (7, S. 175)

Kann man sich vor dem diebischen Korndrachen, dem *trajdowy plon,* schützen? Es heißt ja, indem man seiner Opfer-Pflicht nachkommt. Zum Beispiel riet Jacob Grimm: Wolle man sein Getreide vor dem Drachen schützen, so soll es helfen, von der ersten Ernte mit den ersten Garben in jeder Ecke der Scheune ein Kreuz zu legen. Dann könne es der Drache nicht holen. (4, S. 1123)

Das mit dem Kreuz mag später hinzugekommen sein, doch dass man dem Korndämon als Dank für seinen Schutz entweder auf dem Feld oder in der Scheune seinen Anteil als Opfer lässt, findet sich in unterschiedlichster Ausmahlung in der europäischen Sagenwelt.

8. Drachenkorn, Drachengold und Hecktaler

Wenn es hieß, dieser oder jener Bauer habe den Plon, dann war es folgerichtig, dass man dessen „Drachenkorn" erkennen musste. Wenn die Leute genau hinsahen, konnten sie es auch sehen – meinten sie und erzählten es so.

Von dem reichen Besitzer in Cummeltitz, von dem es hieß, er habe den Drachen, erzählte man: „Eines Abends hatte man den Drachen wieder einmal übers Feld fliegen und in das Gehöft des betreffenden Bauern einziehen sehen. Als nun der Gemeindehirt am anderen Morgen die Schweine des Dorfes auf die Weide trieb, fand er auf einem Feldweg eine Menge Getreide liegen; aber die Spitzen aller Körnchen waren schwarz angesengt. Die Schweine des Mannes, von dessen Felde das Getreide geholt war, fraßen es; die anderen dagegen ließen es unberührt liegen." (1, S. 35)

Ein Knecht in Strega[1] soll erzählt haben, dass dort Bauersleute Korn verkauft haben, bei dem die Körner keine Spitzen mehr hatten. Es hieß, der Drache habe dieses Getreide aus der Mühle gestohlen, wo es schon verarbeitet werden sollte. (1, S. 39 f.)

Im schlesischen Brzesowie erzählte man: „Das Drachengetreide war aber leicht zu erkennen. Es ist an den Spitzen verpölvert. Ein Bauer aus Kreuzendorf wollte beim Füllsteiner Müller einmal solches Getreide mahlen lassen. Wie der das Getreide aber sieht, mit den versengten Spitzen, fragt er: ‚Vetter, wu seid ihr denn här?' – ‚Inne, vu Kreizdurf.' – ‚Do moahlt euch ock doas Getrêde allêne, ich wiel nischt wissen dervu.'" (12, S. 266)

In Pitschen[2] hatte man oft einen Drachen gesehen, man wusste aber nicht, bei wem er wohnte. Der Müller ahnte es; denn die Körner von dem einen Bauern waren immer an den Spitzen wie angebrannt. Er durfte es aber nicht verraten, sonst hätte ihm der Drache die Mühle und das Haus angesteckt. Da kam an einem Abend wieder einmal der Drache über die Straße geflogen. Ein beherzter Bursche zeigte ihm schnell sein entblößtes Hinterteil. Da platzte der Drache und war verschwunden. An der Stelle, wo er geplatzt war, lag ein kleiner Haufen Korn. Alle Leute ließen ihre Schweine auf die Straße, aber nur eines Mannes Schweine fraßen die Körner. Da wussten nun alle, wer den Drachen beherbergt hatte. (15, S. 100)

Aus Burg berichtete Wilibald von Schulenburg über das Getreide, welches der Drache hat fallen gelassen: „Das Getreide fressen aber nicht ein-

1 Strega = Strzegów/Gubin

2 Pitschen-Pickel (niedersorbisch Pěscyna-Pjakło), westlich von Luckau

mal die Schweine; andere sagen: nur die Schweine, weil es halb verbrannt ist." (19, S. 61)

Einmal fraßen das Korn nur die Schweine von dem Bauern, der den *Plon* hatte, und so wusste man nun im Dorf, wer das war. Und wieder ein andermal fraßen es nur die Schweine von dem Bauern, von dessen Feld es gestohlen worden war. Da schwankt die Fantasie der Sagenerzähler.

In Groß Döbbern fand ein Mann in seiner Scheune eine schwarze, nasse Henne, nahm sie mit in die Stube, damit sie trocken werde. Am anderen Morgen lag neben der immer noch nassen Henne ein Haufen Getreide. Da wusste der Bauer, mit wem er es zu tun hatte und brachte die Henne schnell wieder in die Scheune. Doch als er in die Stube zurückkam, war auch das Getreide verschwunden. (25, S. 387)

Auch mit dem Geld oder Gold, was der Drache gebracht hatte, war es meist eine sehr dubiose Sache. Selbst wenn wir alle Episoden vom Schatz hütenden Drachen im Berg weglassen, hatte das Drachengold meistens noch einen Pferdefuß. Jacob Grimm hielt über den Lausitzer Gelddrachen *penezny zmij* fest: „Die Art und Weise seiner habhaft zu werden ist folgende: Man findet heute irgendwo einen Dreier liegen, nimmt man ihn auf, so liegt morgen ein Sechser an derselben Stelle, und so steigt nach der jedesmaligen Aufnahme der Wert des Gefundenen bis zum Taler. Wer nun geldgierig auch den Taler greift, in dessen Haus findet sich der Drache ein." (4, S. 639) Da hatte man also den so genannten „Hecktaler" gegriffen. Doch um ihn wieder los zu werden, müsse man den Taler unter Wert verkaufen und hoffen, dass der Käufer nichts merke. Man hat am Ende also eher einen Verlust gemacht.

Es sollte andererseits helfen, sein Geld in sauberem Wasser zu waschen und Brot und Salz hinzu zu geben. Dann könnten es Drachen und böse Leute [!] nicht holen. (4, S. 1123)

Der Zilmsdorfer Drachen muss ein ganz schlimmer gewesen sein (bevor ihn der *heilige Jürge* tötete – siehe hier, Seite 19 f.). Nicht nur, dass er täglich dreißig Menschen gefressen und die Feldmarken verwüstet haben soll, nein, er konnte auch menschliche Gestalt annehmen, hat die Menschen so ihres Geldes beraubt und es im Wald bei der Forster Heide vergraben. Doch in Zilmsdorf wohnte ein berühmter Teufelsbanner, der hat den Drachen solange hingehalten, bis der Hahn schrie. Da musste der Drachen sein Geld fallen lassen[3]. (5, S. 74)

Einem Bauern bei Muskau war es gelungen, den Drachen wieder los zu werden. Doch als er sich umsah, war alles Geld, was der Drachen herbeigeschafft hatte, zu Pferdedreck geworden, nur die Schulden, die der Bauer hatte, waren Geld geblieben. (20, S. 76)

3 Zum Hahnschrei als Teufelsbezwinger siehe auch „Teufeleien", erschienen in dieser Reihe

9. Spiel mit dem Feuer

Jugendlicher Übermut bekam mitunter auch Drachen-Lohn. In Branitz war Spinte. Die Mädchen und Burschen, welche daran teilnahmen, bemerkten oft des Abends einen vorüberziehenden Drachen. Einmal, als man wieder beisammensaß und den Drachen sah, steckte ein junger Bauer seinen Kopf zum Fenster hinaus und rief demselben zu, er möchte ihm doch etwas bringen. Sogleich überschüttete ihn der Drache mit Kot. Der junge Mann reinigte sich so gut er konnte. Am anderen Morgen hatte sich das, was von dem Kot an ihm haften geblieben war, in Gold verwandelt. (25, S. 389) Wenn der Drache also wollte, so konnte er die gleichen Zauberstücke vollbringen wie seine Tanten, die Holzweiblein oder die *Wurlawy*.[1]

Führte er Schätze und Geld durch die Luft, so sei er rot, feurig und sprühe Funken, das seien Goldstücke. Wolle man, dass er platzt, so werfe man einen Stahl oder ein Messer nach ihm, oder man zeigt ihm den blanken A..., dann lasse er fallen, was er trägt, aber man müsse schnell unter ein Dach springen, sonst kriege man eins ausgewischt. (18, S. 183 / 19, S. 61) In anderen Orten, wie in Schleife, musste man etwas hineinwerfen und „Plon, Plon!" rufen, damit er seine Fracht fallen lassen möge. (20, S. 74)

Immer wieder warnten die Erzähler aber, dass man sich unbedingt unter einem Dach oder Vorsprung verstecken möge, denn im schlimmsten Fall sei weg, was draußen blieb.

Will-Erich Peukert hat dazu einige „Drachen-Abenteuer" aus dem Schlesischen festgehalten:

„Wenn man bei Gablonz den Drachen über sich ziehen sah, brauchte man nur unter einen Wagen zu kriechen und dreimal zu rufen: ‚Schütt Hansl!' So musste er seine Bürde auf den Wagen legen. Aber das ist einem Fuhrmann beinahe schlecht bekommen. Wie der ihn ziehen sah, kroch er unter die Plane und schrie: ‚Hansl, schütte, schütte!' Da fielen auch schon grausam viel glühende Körnel herunter, bis die Plane voll Löcher war. Gewiss war das ein feuriger Drache, die lassen viel weniger leicht mit sich spaßen wie etwa die anderen.

Als einst der Schaffner Jusel von Tannwald nach Morchenstern fuhr, rief er in der stockfinsteren Nacht: ‚Drache, leicht mr!', da blieben die Ochsen stehen und rührten sich nicht vom Fleck. Die Zugtiere fingen an zu schwitzen und dem Fuhrmann fuhr der feurige Drache an den Kopf. Erst als der

1 Zum Zaubergold siehe auch „Lutki, Querxe und andere kleine Geister", erschienen in dieser Reihe

Der Drache Plon beobachtet seine Wirtsleute, Zeichnung Ingrid Groschke

Jusel vor den zitternden Tieren dreimal mit seiner Peitsche den Weg gekreuzt, rückten die Ochsen los und bald stand das Gefährt daheim.

Als Anton Hübner aus Tschischkowitz beim Anblick des Drachens fluchte, stand er auf einmal ganz im Feuer. Zum Glück besann er sich eines für solche Vorkommnisse üblichen Spruches: ‚Zeig mir deines Herren Hof, ich zeig dir mein A… Loch.' Der Drache verschwand sofort.

Übel erging es aber dem Schaffen-Michl, welcher den Drachen in Seidels Scheuer fahren sah. Er schlich hin und erhielt einen gewaltigen Schlag über den Rücken. Sein Haar war ihm vom Kopf gesengt." (12, S. 266)

10. Wie beschafft man sich einen Drachen?

Wir sahen schon, dass manchmal ein nasses Hühnchen am Wegesrand wartet, welches sich zu Hause als Drache *Plon* entpuppt. Wir erfuhren auch, dass ein Drache gelegentlich aus dem Ei eines alten Hahns ausgebrütet werden kann. Auch einen Hecktaler kann man finden. Da kann das Warten auf eine Gelegenheit schon etwas lang werden, fast wie bei einem Lottogewinn. Gibt es Abhilfe?

Wolle man eine Plon herbeiziehen, so stelle man süße Milch oder Hirse mit Sirup auf den Boden. Denn er kratzt derb, wenn er nicht gut zu essen bekommt, erfuhr Wilibald von Schulenburg in Burg. (19, S. 60)

„Der Drache vermag sich bei Tage in jedes beliebige Tier zu verwandeln, bei Nacht aber erscheint er als Feuerkugel. Finden kann man einen Drachen um Mitternacht auf einem Kreuzweg. Wenn der Finder ihn dann mit nach Hause nimmt und um Mitternacht mit Hirsebrei füttert, so lässt er jede Stunde ein Goldstück fallen", erzählte man sich in Sandow. (25, S. 391)

Und in Sielow hieß es: „Der Drache zeigt sich bald als Kalb, bald als bunte Kugel: wer ihn haben will, muss drei Nächte hintereinander Honig, Mehl und Wein auf einen Kreuzweg tragen ... Will ihn jemand behalten, so darf er sich nicht habsüchtig zeigen. (25, S. 385)

Wenn jemand in Branitz in der Dämmerung ein weißes Hühnchen unter einem Strauch sitzen sehe, so könne er sicher sein, dass es der Drache sei, welcher darauf warte, dass er von jemand in das Haus mitgenommen werde. (25, S. 386)

In Papitz erzählte man sich: Wer in alten Zeiten einen Drachen haben wollte, der musste, wenn er zum Abendmahl ging, hinter dem Altar die Oblate wieder ausspucken. Hatte er das getan, so fragte ihn, wenn er die Kirche verließ, eine Stimme [?!], was er für einen haben wollte. Er hatte dann nur zu sagen, ob er einen Geld- oder Getreidedrachen haben wollte; am Abend würde sich dieser dann bei ihm einstellen. (25, S. 385)

In Forst musste man andere Erfahrungen gemacht haben: Wenn man ein ungetauftes Kind in einem Zimmer allein lasse, ohne ihm ein Gesangbuch unter das Kopfkissen zu legen, so verwandle sich das Kind in einen Drachen. (25, S. 391) Ob daran das Gesangsbuch Schuld war ...? Aber praktisch ist solch eine Erklärung schon – für die Eltern.

Gut nachvollziehbar haben das die Sandower gemacht: Wer einen Drachen haben wollte, der musste am ers-

Das Drachen-Hühnchen carna kokoška, Illustration Rolf Radochla

ten April mit einem schwarzen Hahn in einen Stall gehen und das Tier dort niedersetzen. Darauf musste er rückwärts den Stall verlassen und dann die Tür verschließen. Hatte er das getan, so würde er am nächsten Morgen im Stall einen Drachen finden. (25, S. 391) Wahrscheinlich war Voraussetzung, dass der Hahn auch sitzenblieb.

Der Empfehlungen sollten es nun genug sein, um sich seinen Drachen besorgen zu können. Andere Möglichkeiten, wie zum Beispiel Tanzvergnügen, wollen wir an dieser Stelle nicht weiter ausführen.

Aber eine letzte Nachdenklichkeit muss noch angefügt werden: In Kemlitz bei Luckau soll ein Schneider einen Drachen gehabt haben, der bei seinem Tod verschwunden sei. Und jetzt habe niemand mehr einen Drachen im Dorf, denn jene Hausdrachen, die es hier und da gibt, können nicht fliegen, so gerne mancher Wirt sie fortfliegen sehen würde. (14, S. 23)

11. Wie kann man den Drachen wieder los werden?

Hatte man das nasse schwarze Hühnchen erst einmal mit nach Hause gebracht, war es meist sehr „anhänglich". Brachte man es an den Fundort zurück, begrüßte es einen zu Hause, sobald man wieder heimgekehrt war.

So erging es einem Bauern im Spreewald. Weil das Hühnchen immer wieder zurückkam, sammelte er nun in der Heide einen ganzen Haufen Strauchwerk, nahm sein Fuhrwerk samt Hühnchen und fuhr hinaus, band das Drachentier fest und zündete das Strauchwerk an. Doch als er heimkam, war das Hühnchen auch schon da und sagte: „Ach Gott, was wir beide liefen, du liefst gut und ich noch besser." (19, S. 63)

Einem Mann gab man den Rat, das Hühnchen in eine Schachtel zu legen und zum Markt zu tragen. Dort solle er es „verlieren" und sich nicht umsehen. So tat er es. Hinter ihm hat es immer geschrien: „Du hast etwas verloren!" Er sah sich aber nicht um und ging seiner Wege. Da war der Drache weg. Doch als er nach Hause kam, war auch all das Getreide weg, das er ihm zu verdanken hatte. (19, S. 61) Man kann eben nicht alles haben, sagt da der Volksmund, oder: mit gegangen – mit gefangen.

Ein anderer Mann ging seines Weges, als vor ihm eine Frau lief, mit einer Schachtel unter dem Arm. Plötzlich rutschte ihr diese heraus und fiel ins Gras. Der Mann rief ihr nach, sie habe etwas verloren, doch sie drehte sich nicht um und ging weiter. Da nahm er die Schachtel und trug sie nach Hause. Als er sie öffnete, war ein Hühnchen drin ... Und den Rest kennen wir nun schon. (15, S. 100 f.)

In Reuden bei Calau lebte ein Schäfer mit seiner Frau. Man sagte von ihnen, dass sie den Plon hätten. Als sie einmal zur Kindtaufe eingeladen waren, beauftragten sie die Magd, um die Mittagszeit auf den Boden zu gehen und einen Topf Milchhirse in die Tonne zustellen, die dort auf dem Boden stünde. Die Magd hatte eine Liebschaft mit dem Schäferknecht. Der schlug ihr vor, die Milchhirse selbst zu essen und dafür einen Topf Wasser hinauf zu bringen; es sei doch egal, ob dort ein Topf Hirsebrei oder ein Topf Wasser stünde. Die Magd ließ sich überreden und als sie um die Mittagsstunde mit dem Topf Wasser auf den Boden kam und diesen in die Tonne stellte, sprang zu ihrem Schreck ein großes schwarzes Tier aus der Tonne und fuhr zum Dach hinaus, dass das Gebälk nur so krachte. Zur gleichen Zeit saßen die Eheleute beim Festmahl, da wurden sie in den Gesichtern ganz schwarz und verwandelt. Erschrocken gingen sie nach Hause. Ihr Gelddrache war für immer verschwunden. (25, S. 392 / 15, S. 101 f.)

Nach all dem, was wir inzwischen von unserem Feuerdämon wissen, haben die Schäfersleute in Reuden noch Glück gehabt, denn anderen Leuten hat der Drache bei solch einer Missachtung seiner Wünsche gleich das ganze Haus angezündet.

In Dreno, Kreis Crossen, kam der Drache als Hütejunge zu einem Bauern. Sobald der Junge die Schafe hütete, wurden sie von Tag zu Tag besser. Es dauerte aber nicht lange, dann trug er auch Korn und Geld zu. Als die Bauersleute endlich erkannten, mit wem sie es zu tun hatten, wollten sie ihn wieder los sein. Er sagte aber, erst möchten sie ihm alles Geld, das er ihnen zugebracht, wiedergeben, dann würde er fortgehen. Das konnten sie jedoch nicht und deshalb mussten sie ihn behalten. Allemal am Neujahrstag legte er seinen Wirtsleuten Rechnung; dann war deren Scheune oft ganz im Feuer. Wenn die Bewohner von Dreno das sahen, sagten sie gewöhnlich: „Der Drache legt wieder Rechnung." (1, S. 36) Es war kein Loskommen, so sehr sie sich mühten. Da war sie zugeschnappt, die Schuldenfalle.

Der Plon bringt Talerchen, oder schafft sie wieder weg, Illustration Rolf Radochla

Nicht anders ging es mit den „Hecktalern", von denen oben schon die Rede war. Auch mit diesem „Drachengold" konnte man nur Verlust machen, wenn man es los werden wollte. Dazu verlor man Freunde und gewann Neider. Es war also immer ein hoher Preis, den man für solcher Art fremder Hilfe zu zahlen hatte. Hier scheint der diabolische Charakter unseres vorchristlichen Feuerdämons hindurch, der ihm und seinen heidnischen Verwandten nachgesagt wurde. Denn ein großer Unterschied zum Doktor Faustus ist es von hier aus nicht mehr.

Diese Vermengung vorchristlicher und christlicher Mythologie im Blick schrieb Karl Haupt 1862 in der Einleitung zu seinem Sagenbuch, „... dass die christlichen Bekehrer die Praxis verfolgten, die alten Götter zu Dämonen zu erniedrigen und sie allesamt, gute wie böse, in die Gestalt des Teufels einzuschmelzen." (5, S. XIII)

In ähnlicher Weise meinte Zdeněk Váňa 1992: „Wenn es auch der Kirche verhältnismäßig schnell gelungen ist, die Götterbilder abzuschaffen, mit der heidnischen Dämonolatrie und Magie kämpfte sie bis zur Neuzeit vergeblich. Die heidnischen Überreste wurden durch das Christentum nur transformiert und von der christlichen Weltanschauung adaptiert." (24, S. 52)

Auch in Fehrow wurde der Drache Plon unversehens zum Teufel. So erzählte man: In Fehrow wohnte in alten Zeiten einmal ein Schenker, welcher sehr reich war. Das sei daher gekommen, dass er einen Drachen gehabt, also mit dem Teufel in Verbindung gestanden hat. Seiner Tochter hat der Schenker, als sich dieselbe in ein anderes Dorf verheiratete, viel Geld mitgegeben. Kurze Zeit darauf aber ist er verschwunden. Da wussten alle Leute, dass ihn der Teufel geholt habe. Aber auch die verheiratete Tochter hatte fortan keine Ruhe, denn jede Nacht erschien ihr der Geist ihres Vaters. Davon sagte sie aber niemandem etwas. So vergingen mehrere Jahre. Eines Tages, als sie selbst Familie hatte, sagte sie zu ihren Töchtern, sie sollten Trauerkleider anlegen, denn sie müsse ihrem Vater folgen. Kurze Zeit darauf war sie verschwunden. (25, S. 390 f.)

In Jocksdorf wohnte der Drache bei einer alten Frau auf dem Hof in einem alten großen Streuhaufen, der niemals ganz weggenommen werden durfte. Kurz vor ihrem Tode trugen zwei Männer eine große, schwere Lade zur Tochter und allgemein hieß es: „Nun wird die Alte bald sterben; die Tochter hat ihr den Drachen abgenommen." Sie starb auch wirklich bald, und nun erzählten die Leute, die Tochter derselben habe den Drachen. (1, S. 38)

In einer Wirtschaft in Gehren gab es auch einen Drachen. Als einmal dort Spinte war, hatte die Wirtin vergessen, ihn zu füttern. Schnell wollte sie das nachholen. Da hörten die Burschen und Mädchen plötzlich ein Getöse, als ob eine Tonne die Treppe herunterfiele. Eine Zeit darauf kam die Wirtin herein, ganz verstört und „ins Jesichte janz zerleddert". Da war die Spinte gleich zu Ende. Als die Wirtin alt war und es zum Sterben ging, konnte sie nicht sterben, weil der Drache noch im Hause war. Da kam die Tochter, die in eine andere Wirtschaft hineingeheiratet hatte, und holte den Drachen weg. Da konnte die Alte sterben. Die Tochter behielt den Drachen in ihrer Wirtschaft und sie wurden reiche Leute. (14, S. 24)

Bei aller diabolischer Überlagerung scheint hier wieder die Funktion des Hausgeistes, des *spiritus familaris,* hindurch, der die Familie über Generationen begleitet – und im guten Sinne auch beschützt.

Mit etwas mehr Bauerschläue haben andere versucht, den Drachen loszuwerden. Gleich mehrere Sagensammler haben Episoden darüber festgehalten, mal mit einem Strumpf, mal mit einem Stiefel, mal war es ein Bauer in Trebendorf, mal einer in Burg, in Burg soll es sogar der Prediger gemacht haben.

Wie ging das vor sich? Der Bauer hatte genug Reichtum angehäuft und wollte den Plon wieder loswerden. Auch der Prediger hatte mit dem Plon einen Vertrag dahin gehend, dass er ihm die Stiefel voller Geld schütte. Nun kamen sie auf die Idee, dem Stiefel oder im anderen Fall dem Strumpf unten die Sohle abzuschneiden.

Der Plon war an seinen Vertrag gebunden. Er schüttet und schüttete – und schüttete. Das konnte nicht lange gut gehen. Bei dem einen Bauern, der dem *Plon* sagte, er bekäme erst seinen Hirsebrei, wenn der Strumpf voll wäre, flog der Drache bald vor Hunger weg. Im anderen Fall wurde es dem Drachen zu langweilig und er machte sich davon. Zum Prediger in Burg soll er gesagt haben: „Pfaffensack hat keinen Boden."

Doch in allen Fällen, die der Sagenwelt erhalten geblieben sind, waren danach auch die Drachenschätze weg. Nur die Schulden sind geblieben. (15, S. 97 f. / 12, S. 266 f. / 2 / 19, S. 64)

Der Drache flieht, er kann den kaputten Strumpf nicht füllen, Illustration Peter Müller

12. Und noch ganz andere Dämonen

Wenn man die alte Frau in Jocksdorf nach ihrem Drachen fragte, so zeigte sie oft auf ihre krumm gearbeiteten Finger, während sie sagte: „Nicht einen Drachen habe ich, sondern zehn!“ (1, S. 38) Da saß das Feuer wohl schon heftig in den Gelenken. Und solche Drachen wünscht man sicher niemandem.

Zur Verarbeitung vorchristlicher Mythologie in Europa fasste Wilhelm Mannhardt 1860 zusammen: „Ich behaupte nicht zu viel, wenn ich sage, dass jährlich noch Hunderte von Unglücksfällen und Verbrechen aus den ersterbenden Resten des Heidentums hervorgehen. Wie manche Bäuerin, die durch Wirtschaftlichkeit ihren Vorrat mehrt, in den Ruf des Einverständnisses mit dem Wode, dem fliegenden Drachen, Kobold oder Teufel kommt. Sie wird als Hexe verschrien und aus einem Gegenstand des bitteren Neides ihrer unwirtschaftlichen Nachbarn eine Person des entsetzlichen Abscheus.“ (9, S. 13)

Auch die Dämonen des Neides und der Missgunst wünscht man niemandem. Heute nennt man solches mitunter Mobbing. Doch daran tragen weder Wald-, noch Feld-, noch Hausgeister Schuld.

Der Drache Plon im Kur- und Sagenpark in Burg im Spreewald, eigene Aufnahme

13. Kleiner Ausflug um die halbe Erde: Der Hongkong-Drache

Am letzten Tag unserer China-Rundreise 2012 verbrachten wir eine Stunde in Hongkong am Strand. Gleich hinter uns stand eines der Hochhäuser, in dem der Feng-Shui-Berater des Architekturbüros veranlasst hatte, ein großes Loch in der Mitte freizulassen, damit der Drache, der dahinter im Berg seit jeher sein Zuhause hat, weiter seine freie Flugbahn behalte. Es soll mehrere solcher Drachen-Häuser in Hongkong geben.

Hongkong 2012, eigene Aufnahme

Zum Schluss – in eigener Sache

Das Schicksal wollte es, dass ich im chinesischen Jahr des Drachen geboren wurde. Vielleicht hat es mir deshalb besonderes Vergnügen bereitet, diese Büchlein zu verfassen.

Edeltraud Radochla

Anhang / Literatur

Fachliteratur

1. Gander, Karl: Niederlausitzer Volkssagen, Berlin 1894, Neudruck Hildesheim/New York 1977, Kapitel VII, Nr. 79-99
2. Gebler, Klaus/Steffen, Erhard: Sagenhaftes Burg, Nr. 1/1995, S. 10
3. Gräve, Heinrich Gottlob: Volkssagen und volkstümliche Denkmale der Lausitz, Bautzen 1839, Neudruck Berlin 2018
4. Grimm, Jacob: Deutsche Mythologie, BD 2, 1835, ebook-Ausgabe 2012
5. Haupt, Karl: Sagenbuch der Lausitz, 1862, Neudruck Bautzen 1991
6. Haupt, Leopold / Jan Arnošt Smoler: Volkslieder der Sorben in der Ober- und Niederlausitz, 1841/43, Neudruck Bautzen 1992
7. Mannhardt, Wilhelm: Antike Wald- und Feldkulte aus nordeuropäischer Überlieferung erläutert. In: Wald- und Feldkulte, Band 2, Berlin 1905
8. Mannhardt, Wilhelm: Letto-preußische Götterlehre, Riga 1936, Neudruck Hannover 1971,
9. Mannhardt, Wilhelm: Die Götterwelt der deutschen und nordischen Völker, 1860, Neudruck 2017
10. McClelland, Bruce Alexander: Slawische Religion – Aufsatz S. 1392-1396 in: Religion in Geschichte und Gegenwart, Handbuch Band 7, 2008
11. Mucke, Ernst/Arnošt Muka: Artikel im Dolnoserbsko-Nimske Słowniki (online)
12. Peukert, Will-Erich: Schlesische Sagen, München 1924
13. Preusker, Karl: Blicke in die vaterländische Vorzeit; Sitten, Sagen, Bauwerke, Trachten, Geräte zur Erläuterung des öffentlichen und häuslichen Volkslebens im heidnischen Alterthume und christlichen Mittelalter der Sachsen und angrenzender Lande, Bd. 2, 1843
14. Sagen, Anekdoten und Schnurren aus dem Altkreis Luckau, N.-L., Nachdruck o. J., o. O.
15. Schneider, Erich: Sagen aus Heide und Spreewald, Bautzen 1987
16. Schneider, Erich: Sagen der Lausitz, Bautzen 1972
17. Schramm, Rudolf: Sagen aus dem Geraer Land, Bd. II: Das Liebschwitzer Ranzenmännchen, Hrsg.: Kulturbund der DDR, Greiz 1980
18. Schulenburg, Wilibald von: Innere Volkskunde. In Landeskunde der Provinz Brandenburg (Brandenburgische Landeskunde) Bd. III die Volkskunde, Berlin 1912
19. Schulenburg, Wilibald von: Wendische Volkssagen und Gebräuche, Cottbus 1930

20. Schulenburg, Wilibald von: Wendisches Volkstum in Sage, Brauch und Sitte, 1934, Neudruck 1985

21. Sieber, Friedrich: Das Buch der Oberlausitz, Bd. 3: Natursagen der sächsischen Oberlausitz und ihrer Nachbargebiete, Löbau 1931

22. Sperling, Dieter: Aus dem Sagen- und Märchenschatz des Kreises Calau, Manuskriptdruck 1992

23. Spurensuche: Was haben wendische Sagen und die wendische Sprache mit unserer Landschaft zu tun? Projekt des Niedersorbischen Kinder- und Jugendensembles e. V. in Kooperation mit der Schule für Niedersorbische Sprache und Kultur Cottbus, Cottbus 2013

24. Váňa, Zdeněk: Mythologie und Götterwelt der slawischen Völker – Die geistigen Impulse Ost-Europas, Stuttgart 1992

25. Veckenstedt, Edmund: Wendische Sagen, Märchen und abergläubische Gebräuche, Graz 1880; Neudruck New York, BoD

26. Zelenin, Dmitrij: Russische (Ostslawische) Volkskunde, Berlin, Leipzig 1927, S. 387

Bildquellen

Ingrid Groschke, aus „Wo wohnt denn nun der Wassermann?“, erschienen in unserem Verlag

Peter Müller, aus der Überlassung des Nachlasses, mit freundlicher Genehmigung

Martin Nowak-Neumann, aus Nr. 16 (Sagen der Lausitz)

Rolf Radochla, eigene Werke